AF463584

ARCHIVES DE MAINE-ET-LOIRE

DON

DE COLLECTIONS ANGEVINES

ARCHIVES DE MAINE-ET-LOIRE

DON

DE COLLECTIONS ANGEVINES

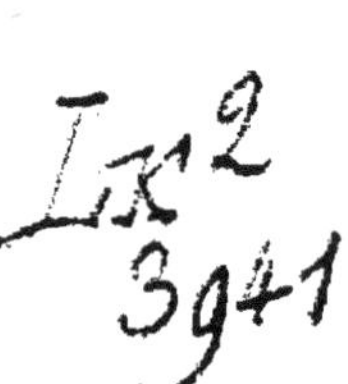
Lk2
3941

Angers, le 10 août 1891.

Monsieur le Préfet,

Le Conseil général de Maine-et-Loire a bien voulu, l'an passé, m'autoriser à faire don au Bureau des Archives départementales de mes modestes collections angevines. J'espérais, pour les présenter, vous les pouvoir montrer, installées dans le cadre d'honneur que je leur vois préparer depuis si longtemps sous mes fenêtres ; mais la fête, quoique prochaine, s'est attardée outre mesure, et il me faut, sous peine d'encourir, moi aussi, quelque reproche, vous les annoncer tout au moins, telles qu'elles attendent de pouvoir s'offrir à leur heure.

J'en veux aborder le détail, en toute humilité, sans phrases.

I. BIBLIOTHÈQUE

La *Bibliothèque angevine* comprend 1,987 volumes ou brochures, qui se répartissent ainsi :

272 I. Généralités (*Anjou-Département*), 272, dont 155 reliés (notamment la *Revue de l'Anjou*, 70 volumes, en plein parchemin blanc, très rare collection ; le *Répertoire archéologique*, 11 volumes ; le *Bulletin historique et monumental*, 7 volumes).

389 II. Angers (Ville d'), 389, dont 367 reliés.

243 III. Monographies locales (*Angers excepté*), 243, dont 214 reliés.

592 IV. Biographies, 592, dont 510 reliés.

J'estime particulièrement précieux ces deux derniers articles, dont la collection est unique et qu'il ne serait pas facile de reconstituer sans frais nou-
1,496 veaux. En m'épargnant de relever le grand nombre
dont 1,115 reliés de curieuses plaquettes, que chaque jour a recueil-

lies et qui désespèrent plus tard la recherche des amateurs, je ne veux que signaler quelques-uns des manuscrits qui s'y cachent, comme le manuscrit autographe des *Souvenirs d'un Nonagénaire*, publié par moi en 1880; le dépouillement des *Lieux-dits* des cartes angevines de Cassini, par Broque, de Cholet; les *Notes et Souvenirs, journaux et carnets quotidiens*, de Pissonnet de Bellefonds, colonel du 93e de ligne (1831-1859); une *Notice sur la commune de Brain-sur-Allonnes* (petit in-fol. de 173 pages, 1885), œuvre de M. Ch. Bruas, l'ancien vénéré vice-président du Conseil général, qui a bien voulu m'en adresser, pour ma bibliothèque, la copie autographe, dont le double est déposé à la mairie; etc.

J'ajoute qu'en tête ou à la suite d'un grand nombre de ces volumes et aussi souvent que je l'ai pu, je n'ai pas manqué d'insérer, — selon le goût des bibliophiles, dont l'historien peut profiter, — quelque lettre d'auteur, qui renseigne parfois sur l'homme et sur le livre de façon instructive et piquante.

A cet ensemble de documents spécialement angevins se rallient les groupes de livres, indispensables au travail, sur les provinces circonvoisines

Report 1,496 et avant tout sur la Vendée militaire, qui est à proprement parler de notre Anjou.

128	V. Guerre de Vendée..	128 volumes ou broch.,	dont 117 reliés.
72	VI. Bretagne..........	72	—	dont 4 reliés.
153	VII. Maine............	153	—	dont 48 reliés.
78	VIII. Poitou...........	78	—	dont 19 reliés.
60	IX. Touraine..........	60	—	dont 10 reliés.
1,987 (1)		491		198

Il va sans dire que j'ai porté tout l'effort de la reliure sur la *Bibliothèque* proprement dite *Angevine* (Vendée comprise), soit 1,624 volumes, dont 1,213 reliés. Les autres volumes, acquis autrefois au courant des besoins de l'étude, comprennent, — outre la *Revue du Maine* (30 vol.) et les ouvrages de Cauvin et de D. Piolin, les *Archives du Poitou* (20 vol.), les *Cartulaires*, in-4°, publiés par les Sociétés de la Touraine, du Maine, du Poitou, de la Saintonge, les histoires générales du Poitou, du Maine, de la Touraine, les Pouillés des divers diocèses, — quantité de monographies locales (comme le *Sablé* si rare de Ménage) et de biographies, dons d'auteurs, tirages à part, sur papier de choix ou à très petit nombre, qui me viennent d'amis et que le commerce ne connaît pas.

(1) Actuellement (15 octobre), 2,067 volumes ou brochures. Le catalogue, tenu au courant, avec les divers relevés des autographes, des gravures angevines, des portraits angevins, compte 4,152 cartes.

II. IMAGERIE ANGEVINE

Ma *Bibliothèque angevine* se complète d'une collection d'images, commencée depuis longtemps au hasard des rencontres, mais qui, reprise l'an passé avec suite et persévérance, s'est facilement décuplée ; et chaque jour l'accroîtra, l'accroît. Édifices publics ou privés, anciens ou modernes, églises, mairies, chapelles, écoles, châteaux, maisons, monuments, — vues restreintes ou paysages, — œuvres de toute main, dessins ou gravures lithographies ou photographies, c'est un ***Maine-et-Loire pittoresque et historique***, dont l'ensemble remplit dix forts cartons, format du ***Petit Journal***. J'en vois déjà deux ou trois se gonfler à l'excès et qu'il me faudra bientôt dédoubler (1). Un carton

(1) C'est fait.

spécial est consacré à l'*Iconographie*, c'est-à-dire à l'ensemble des monuments, portraits, tableaux, tombeaux; etc., se référant à des personnalités angevines. Il sera sous peu insuffisant.

Voici le détail de la collection :

	Dessins	Gravures, litho-graphies	Photogra-phies	TOTAUX
I. GÉNÉRALITÉS (*Anjou-Maine-et-Loire*)	10	68	45	123
II. ANGERS (*Édifices civils et religieux*)	93	165	97	355
III. ANGERS (*Rues, maisons*).	89	79	21	189
IV. — (*Campagne*)	10	12	29	51
V. — (*Arrond*[t] *d'*)....	99	176	137	412
VI. BAUGÉ (*Arrondissement de*)................	62	51	82	195
VII. CHOLET (*Arrondissement de*)................	58	53	105	216
VIII. SAUMUR (*Arrondissement de*)................	65	99	101	265
IX. SEGRÉ (*Arrondissement de*)................	35	52	16	103
X. ICONOGRAPHIE-PORTRAITS	38	258	52	348
	559	1.013	685	2.257

559 dessins . . . .
1,013 gravures ou lithographies
685 photographies . . . . } ***ensemble 2,257 pièces***

Quoique je ne quête pas les chefs-d'œuvre et que je vise avant tout à recruter des documents utiles, des matériaux pour l'étude, à ne parler que des dessins, j'en montrerais près d'une centaine, qui pourraient figurer avec honneur dans quelque vitrine. J'en ai 23 de M. le comte de Galembert, presque autant de M. Spal fils, de Thouarcé; 24 de M. Huault-Dupuy; et de ce dernier, par surcroît, une dizaine d'eaux-fortes charmantes, qui illustreraient de beaux livres. MM. Filoleau, Chiffard, Lhouest, Murier prennent rang pour leur appoint sur mes listes, et avec eux, vingt noms amis d'instituteurs, — ils seront quarante l'an prochain — qui m'ont envoyé leur modeste et précieuse contribution. De mon côté je faisais reproduire, à mes frais, par un artiste inoccupé, tous les anciens dessins des manuscrits de notre Bibliothèque municipale, en complétant l'œuvre par des vues de nos vieilles rues, des maisons, des enseignes, déjà aujourd'hui en grande partie disparues. J'ai de ce seul compte recueilli 224 dessins, dont 130 d'après nature, constituant ainsi comme un *Gaignières Angevin*. Pour sa part, mon ami Auguste Michel y a ajouté tous ses doubles, surtout de portraits; André Joûbert, 23 photogravures; et si j'aborde le compte des libéralités que je m'honore d'avoir provoquées, il faut que je rappelle en première ligne les 150 photographies, dont m'a gratifié le maître en cet art, M. Berthault; après lui, le docteur Bichon, MM. Magne et Rouillard, de Paris; Haran, de Saint-Clément-des-Levées; Houdebine, fils, des Ponts-de-Cé; Roffay, de Bagneux; de Farcy, d'Angers; Desormeaux, de Chemillé; Denais, de Beaufort; Renard, de Blaison; Sureau, de Brain; Bonnemère, de Louerre; Chauveau, de Montfaucon; Pavie, d'Angers, et tant d'autres. Ici encore, j'ai pu, de ma petite bourse, contribuer à la récolte, — ailleurs que chez les amateurs, — et même apporter ma gerbe propre d'écolier photographe. Les bonnes épreuves, gravure ou photographie, remplaceront peu à peu les médiocres; les doubles même y aideront par les échanges.

A l'heure qu'il est, l'œuvre est créée, qui compte dès la première année, 2,257 pièces (1).

---

(1) Actuellement (15 octobre), plus de 2,400.

III. NOTES ET FICHES

Un service, qu'apprécieront peut-être tout autant mes successeurs, c'est le transport au Bureau des séries de mes *Notes*, accumulées par quarante années d'études uniquement angevines. Utilisées ou non dans mes précédents travaux, nullement d'ailleurs épuisées par les recherches que chaque jour renouvelle, renouvelées elles-mêmes par les appoints de chaque jour, elles forment un répertoire constant de renseignement facile, une référence de consultation certaine, un centre, à tout le moins, pour toute récolte nouvelle, qui s'ajoutera à la moisson commune.

Elles sont contenues et classées alphabétiquement dans des boîtes, à double compartiment, chacune de 0m25 de longueur, dont le détail suit :

1. Artistes angevins	5	boites doubles
2. Médecins	3	—
3. Littérateurs et personnages divers	10	—
4. Rues et maisons d'Angers	6	—
5. Industrie, commerce	3	—
6. Topographie latine	6	—
(1)	33	

J'ai constaté ce matin, en prenant pour base trois ou quatre points de comparaison, que le nombre de ces notes et fiches, la plupart sur simple papier, se peut facilement évaluer à plus de 60,000.

Les *notes biographiques* (I-III) m'ont servi à la rédaction de mon *Dictionnaire historique de Maine-et-Loire;* mais, dans un travail de ce genre, la substance seule pénètre dans la trame, et les détails attendent encore leur emploi.

Mon édition de Péan de la Tuilerie (2) donne l'idée du parti que je voulais tirer de mes notes sur Angers (IV-V). L'histoire de la ville reste à faire et en particulier celle de ses rues, de ses maisons,

---

(1) J'ai ajouté depuis une boite sur le *Climat, les Phénomènes physiques*, etc., et 30 cartons de mes notes de *Géographie historique*, dans des chemises alphabétiquement classées, résidu de ce que je n'ai pas brûlé.

(2) Angers, Barassé, 1868, in-12 de 607 pages.

de ses métiers. Elle a tenté plus d'un amateur, d'imagination facile à s'accommoder de peu ; elle attend un travailleur, de conscience difficile à satisfaire et qui trouvera ici nombre de matériaux déjà en place et dégrossis.

Quant à ma *Topographie latine*, c'est une partie de l'œuvre toute prête pour les Dictionnaires départementaux que réclame le Ministère de l'Instruction publique. J'en ai utilisé, à ma manière, les éléments dans mon *Dictionnaire*, mais le défaut de place m'a obligé à supprimer trop souvent de la nomenclature les formes, les variantes secondaires et multiples, qui en eussent encombré les pages et qui pourtant servent utilement de repère. Pour l'archiviste, pour l'historien, cette collection de noms de lieux latins, alphabétiquement classée, présente le dépouillement, aussi complet qu'il m'a été possible, de toutes les chartes inédites ou publiées antérieurement à 1877. Elle donne la traduction moderne, la date de la pièce, et par surcroît, la page du livre où elle est imprimée, même pour la plus grande partie des pièces qui sont inédites, le fonds et la cote, qu'elles portent dans nos Archives. Ne fût-ce qu'à cet unique point de vue, c'est l'instrument le plus précieux pour l'inventaire analytique, qui reste à faire, — en l'état la tâche est facile — de nos Cartulaires angevins et des documents originaux qu'il y faut rattacher.

Je finis en hâte cet exposé sommaire. En installant dans le Bureau nouveau qui s'achève, mes livres, mes images, mes notes, trésor accumulé par toute une longue vie de travail, il semble que je me rapproche plus intimement encore de ces collections, formées jour à jour, pièce à pièce, ici même où elles sont assurées de rester après moi ; — et je n'ai que faire de prévoir l'heure prochaine, où il me faudra à tout jamais me séparer d'elles.

Veuillez agréer, Monsieur le Préfet, l'assurance de mon respectueux dévouement.

L'Archiviste de Maine-et-Loire, membre de l'Institut,

CÉLESTIN PORT.

DESACIDIFIE
à SABLE : 1994

Angers, imp. Germain et G. Grassin. — 1374-91.

www.ingramcontent.com/pod-product-compliance
Ingram Content Group UK Ltd.
Pitfield, Milton Keynes, MK11 3LW, UK
UKHW021041200726
13857UKWH00005B/1852

9 782012 883635